MANDALA

Adult Coloring Book

mandala animals (volume 1)

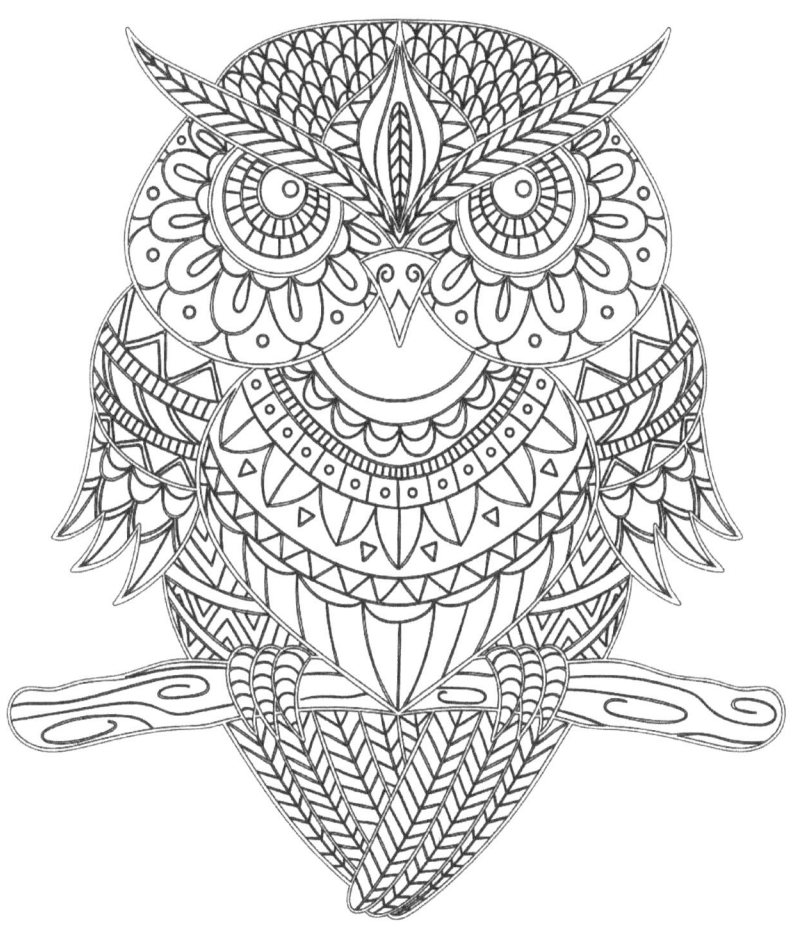

TOONING

MANDALA

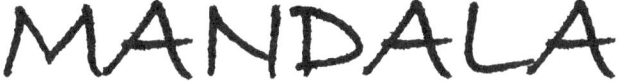

Adult Coloring Book

mandala animals (volume 1)

Copyright: Published in the United States by Tooning Artwork

Published December 2016

ISBN-13:
978-1544188195

ISBN-10:
1544188196

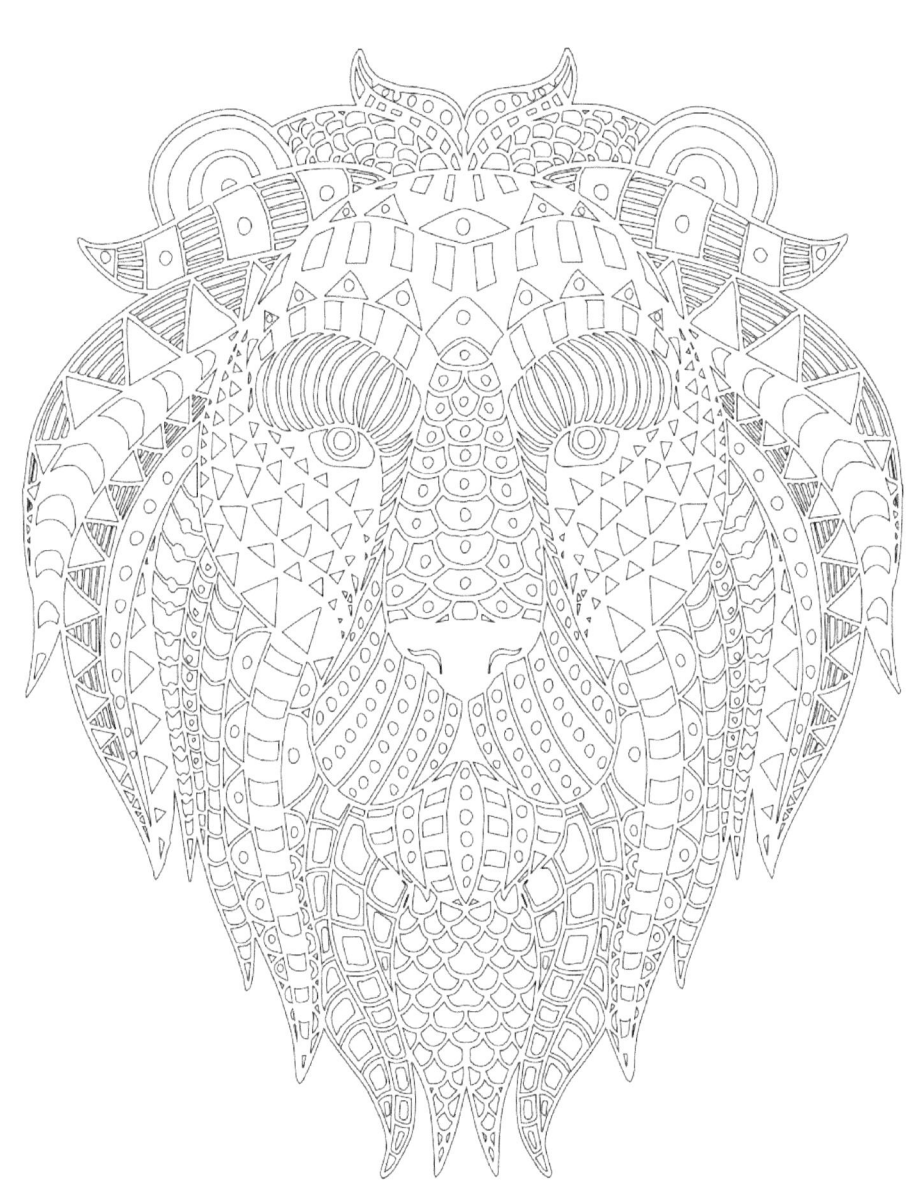

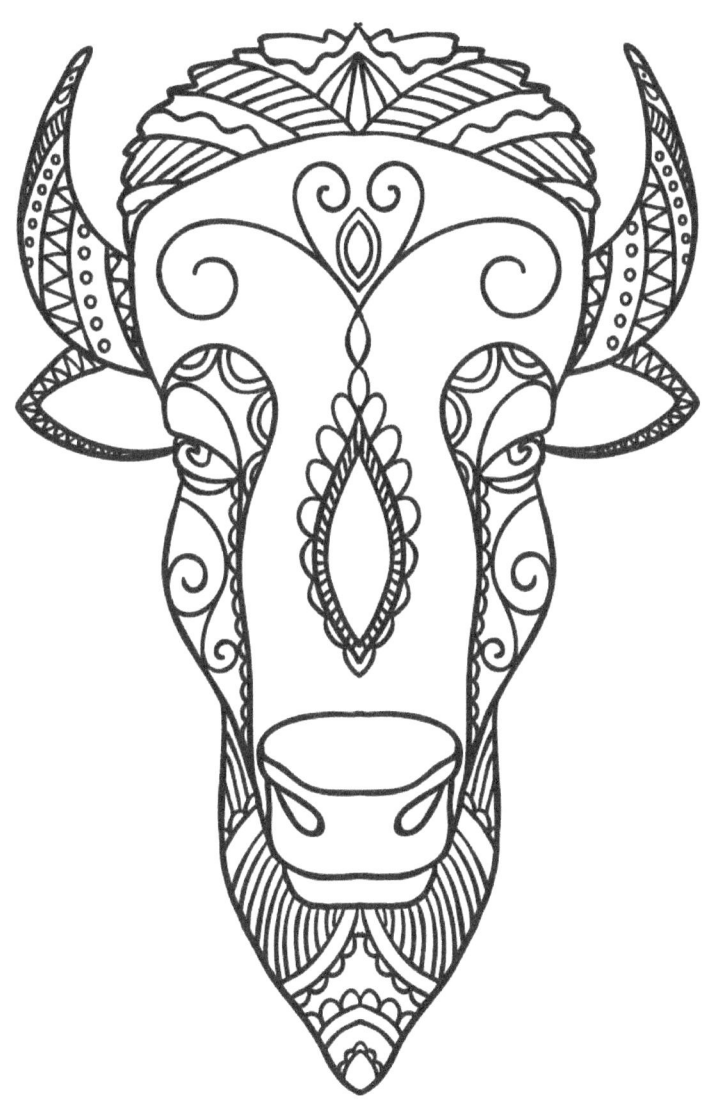

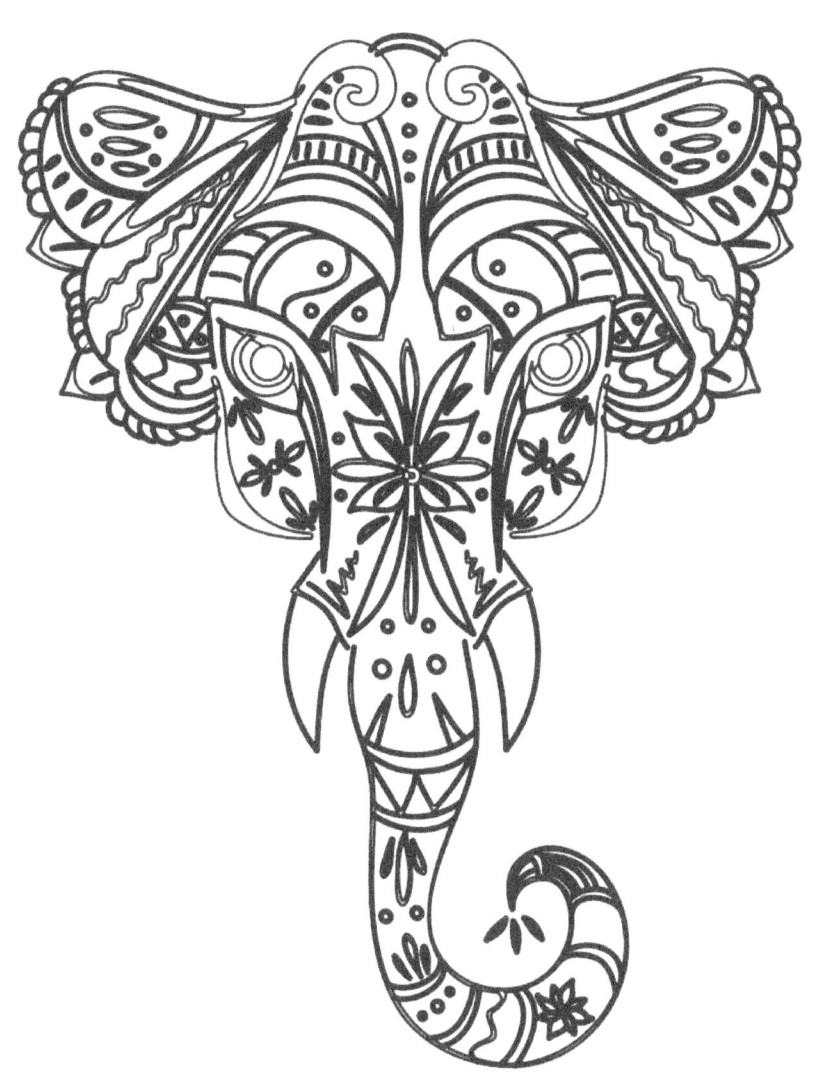

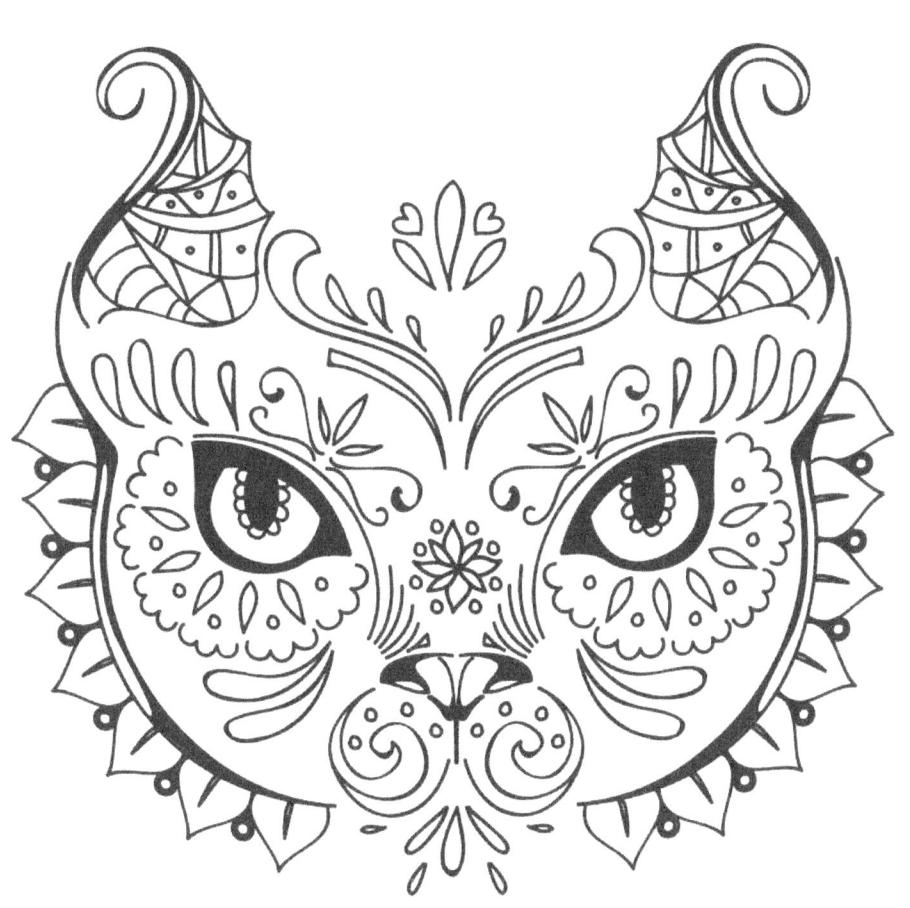

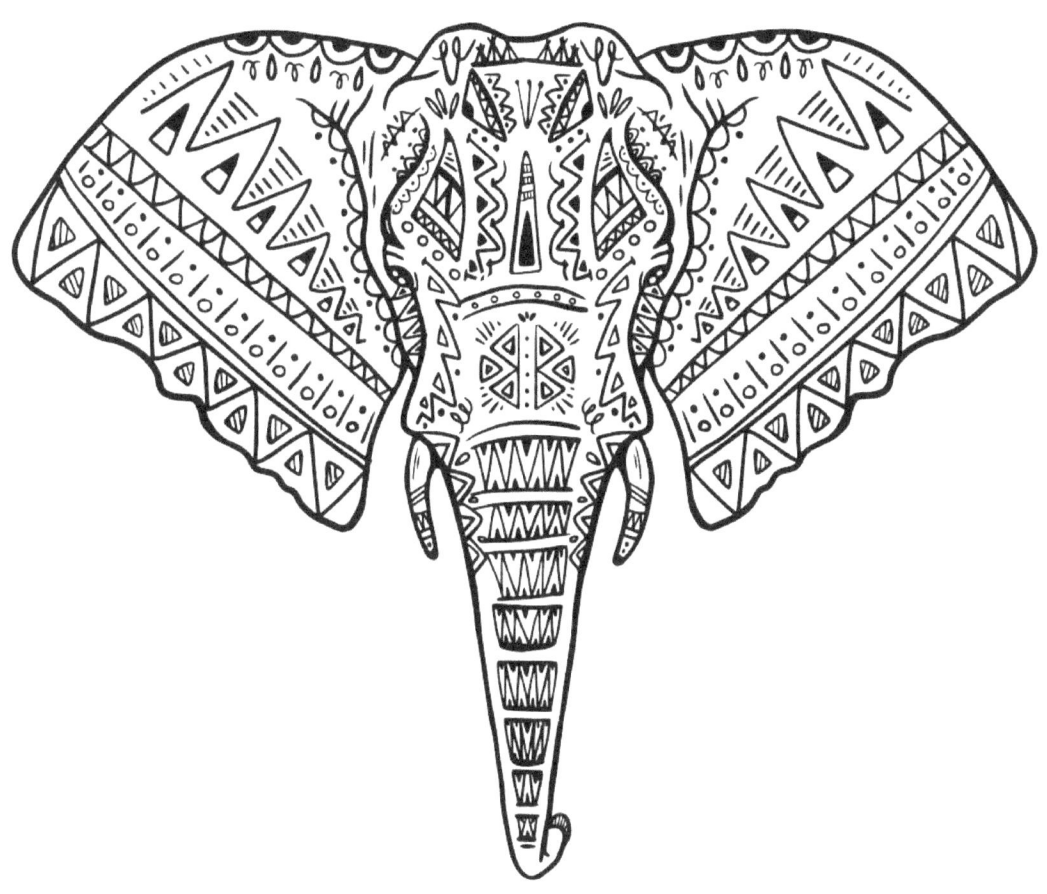

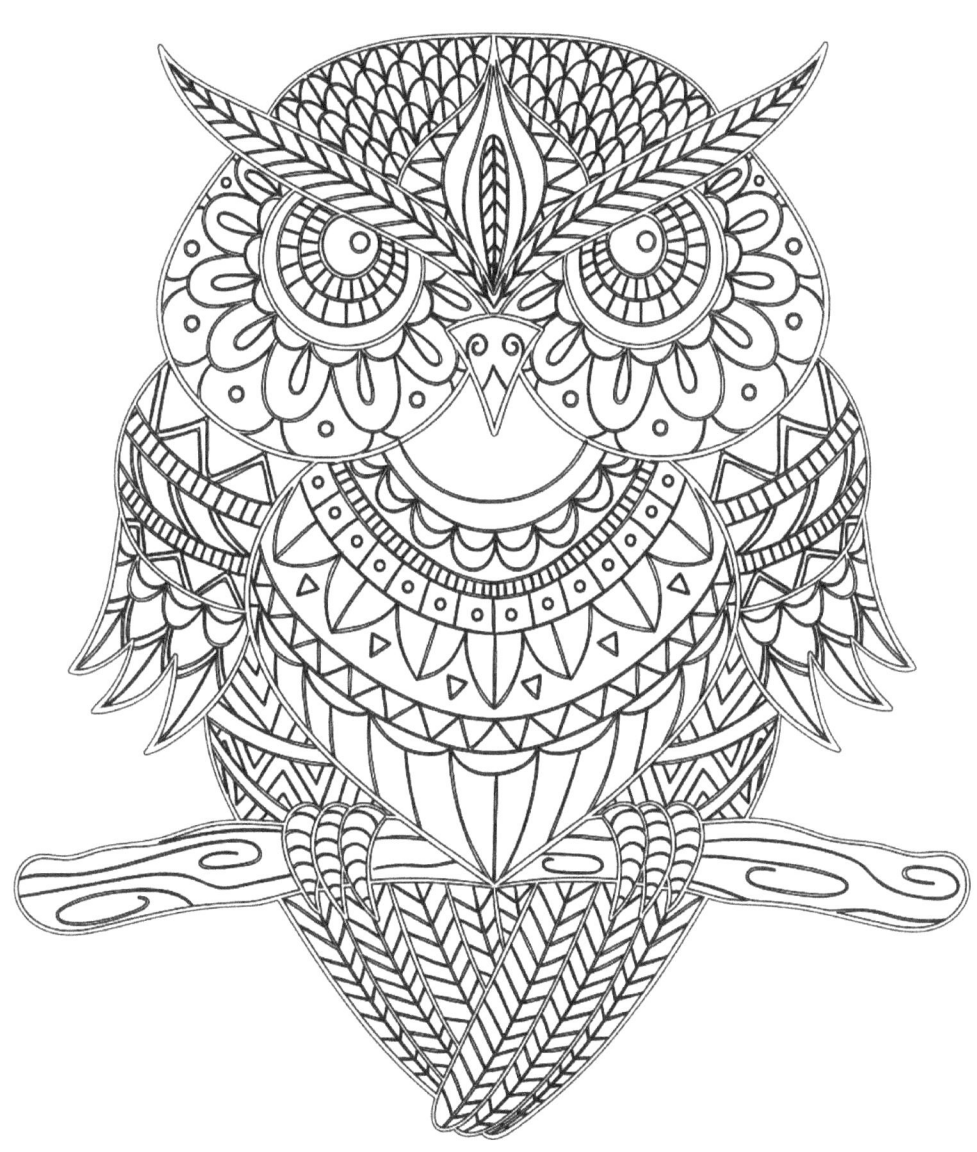

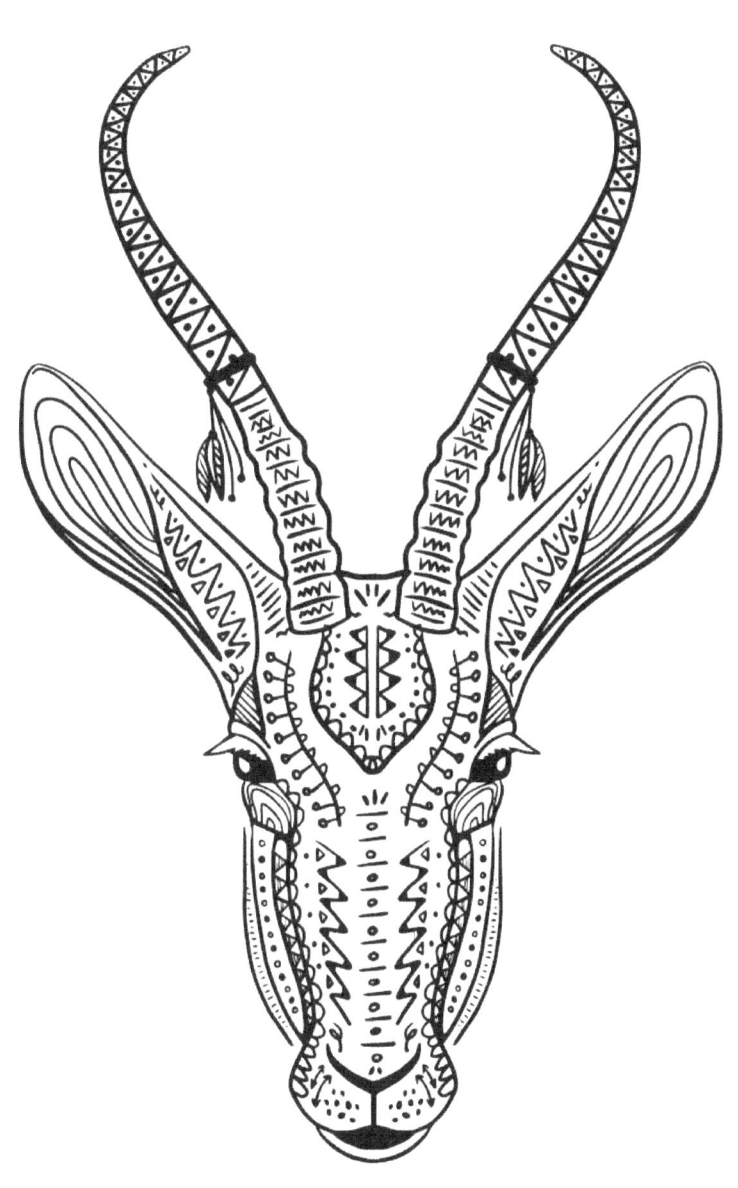

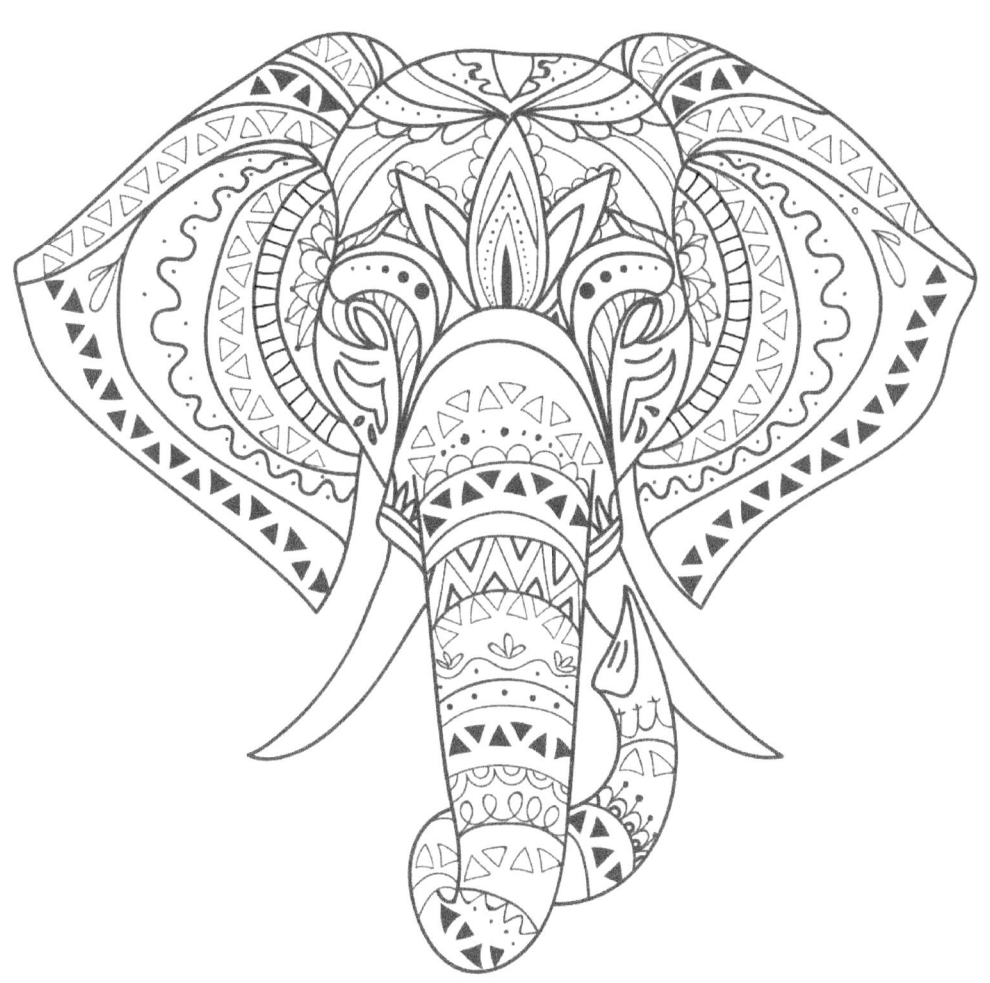

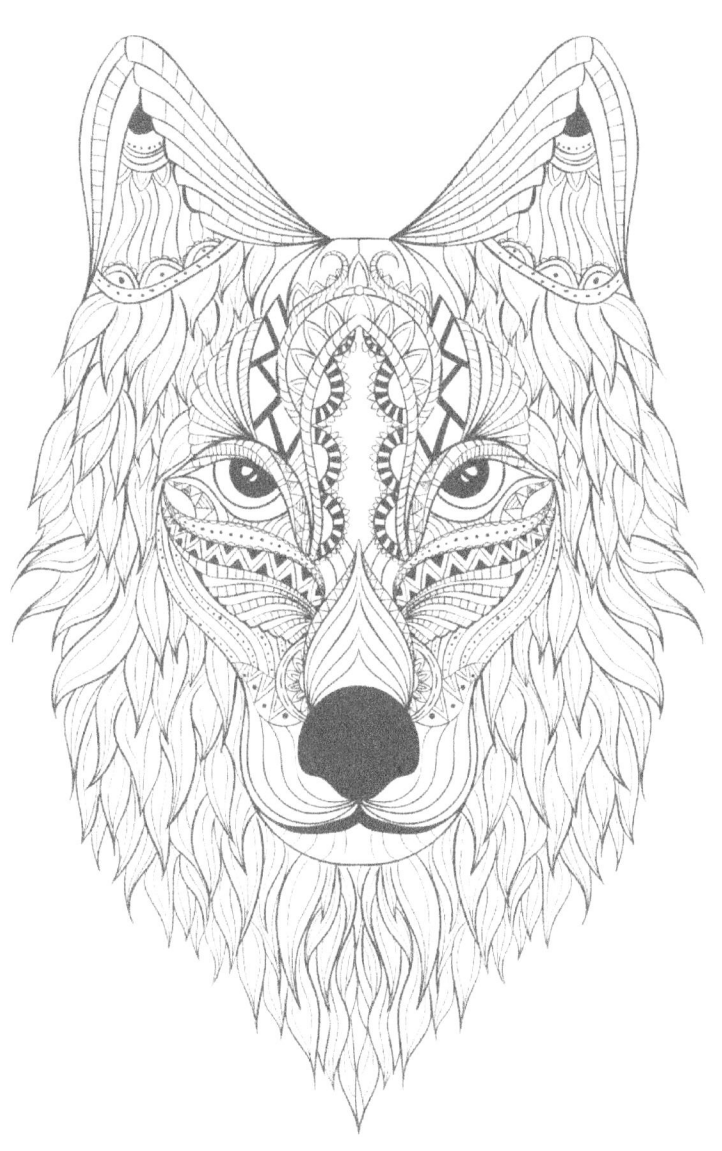

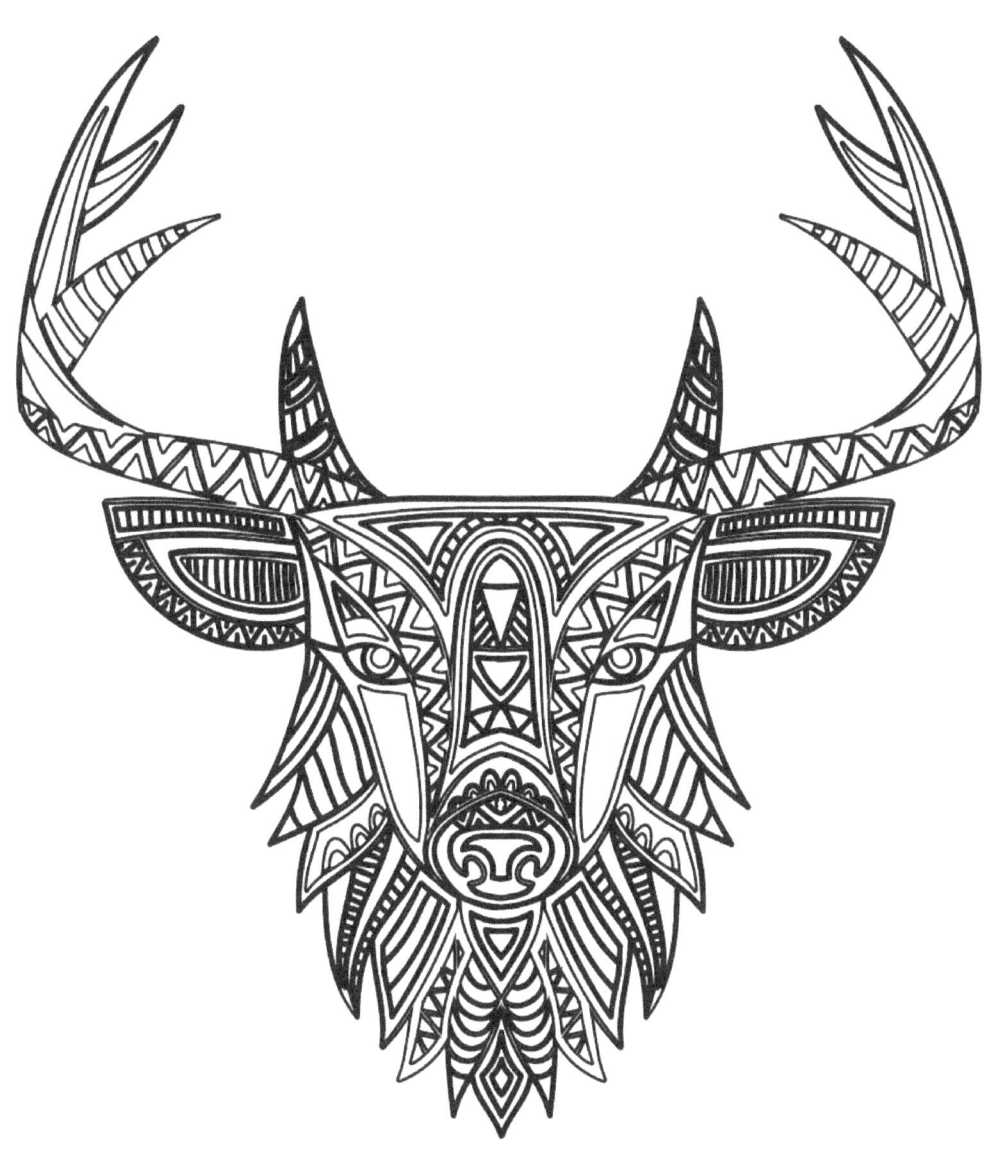

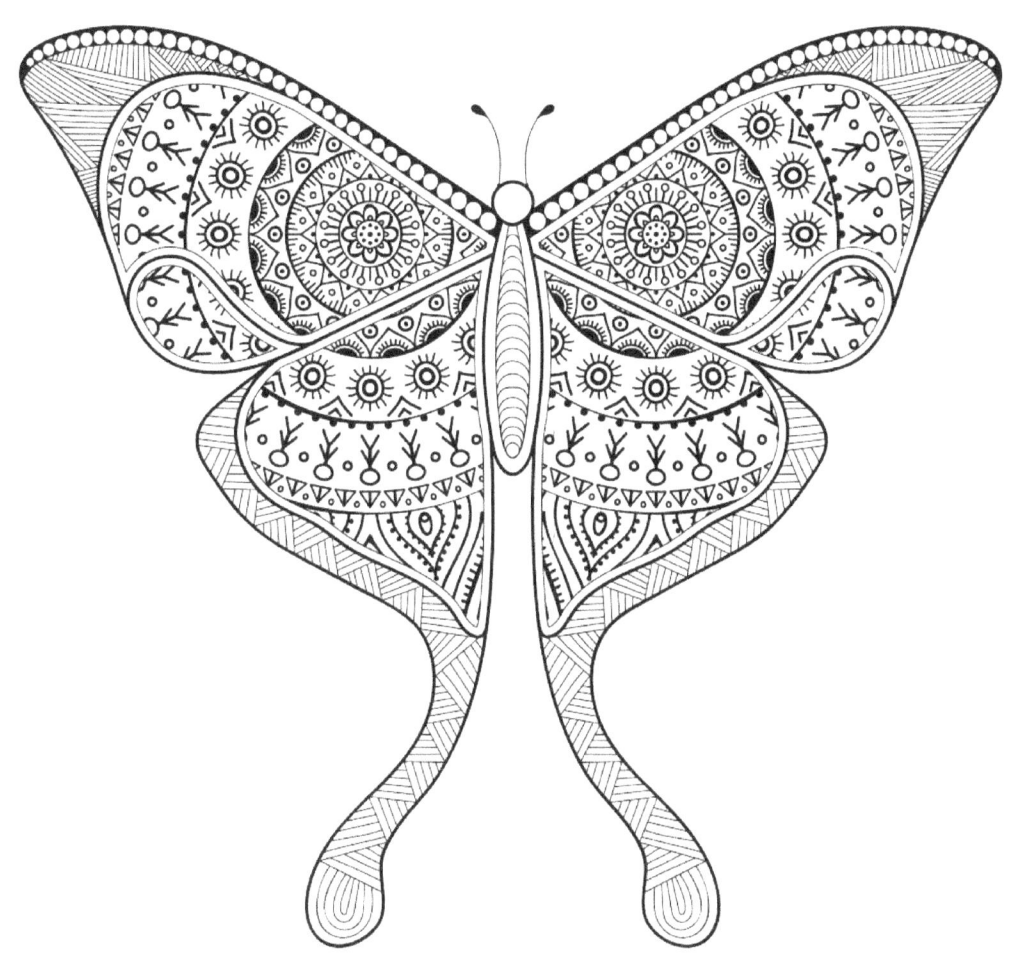

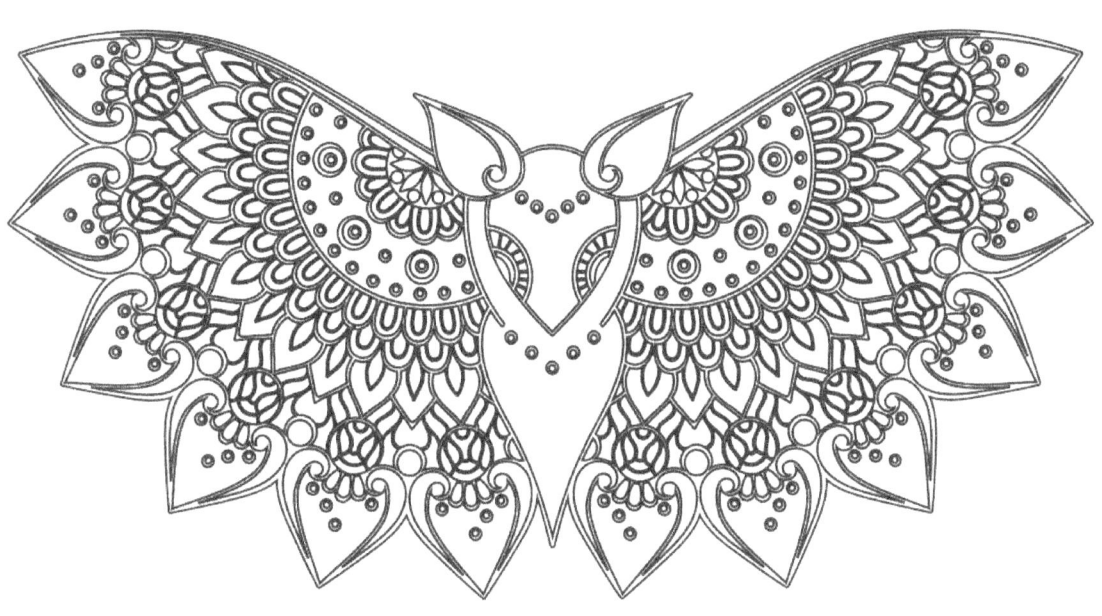

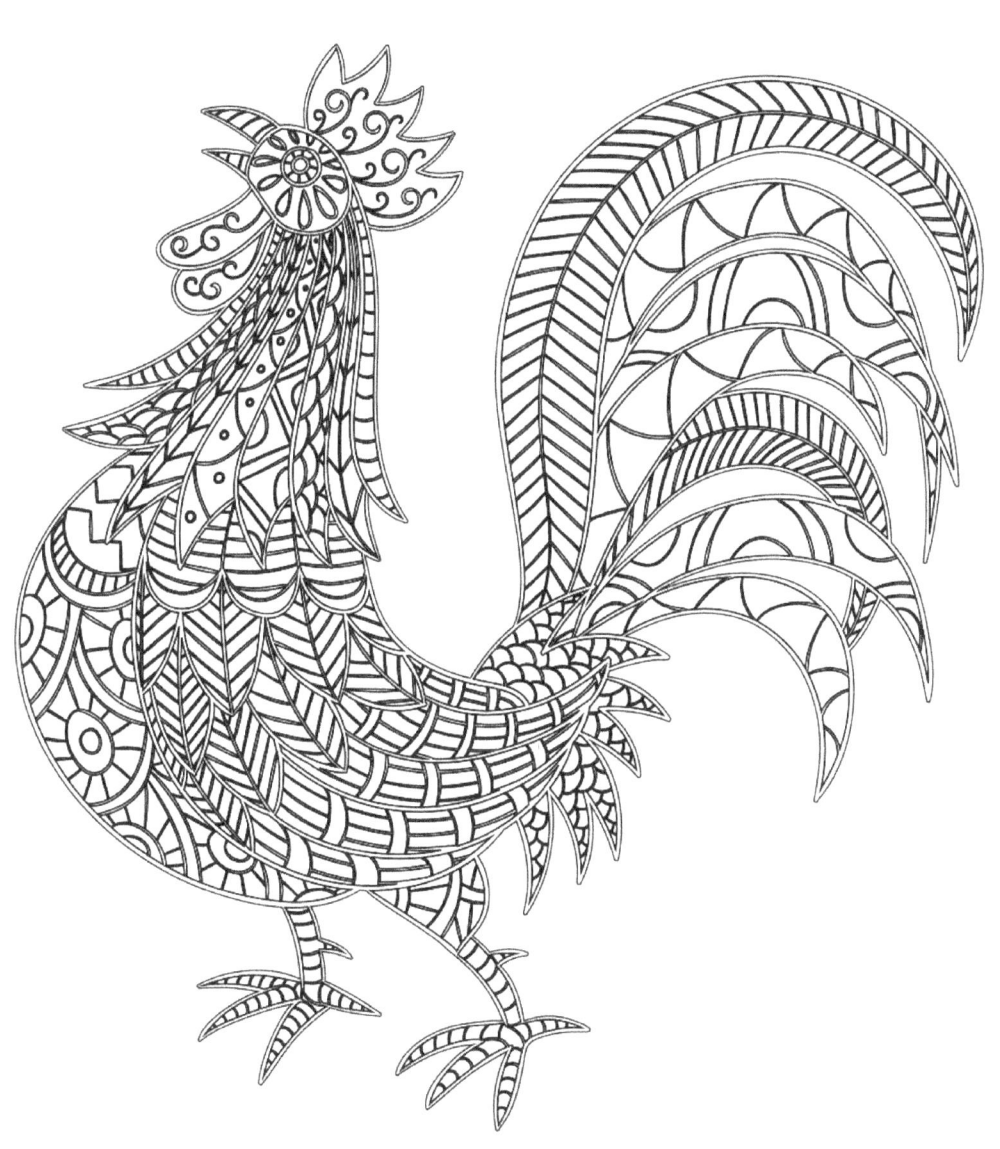

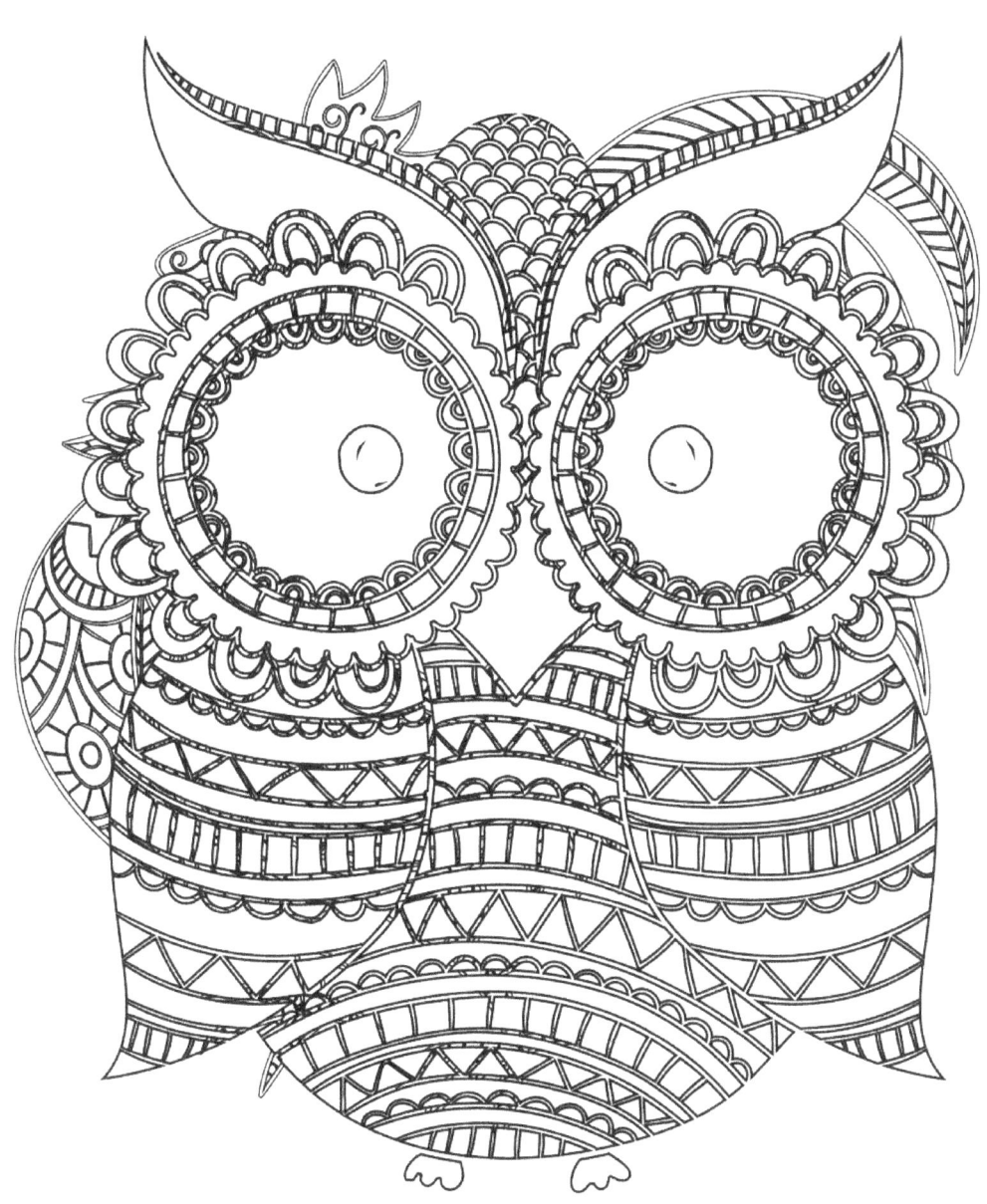

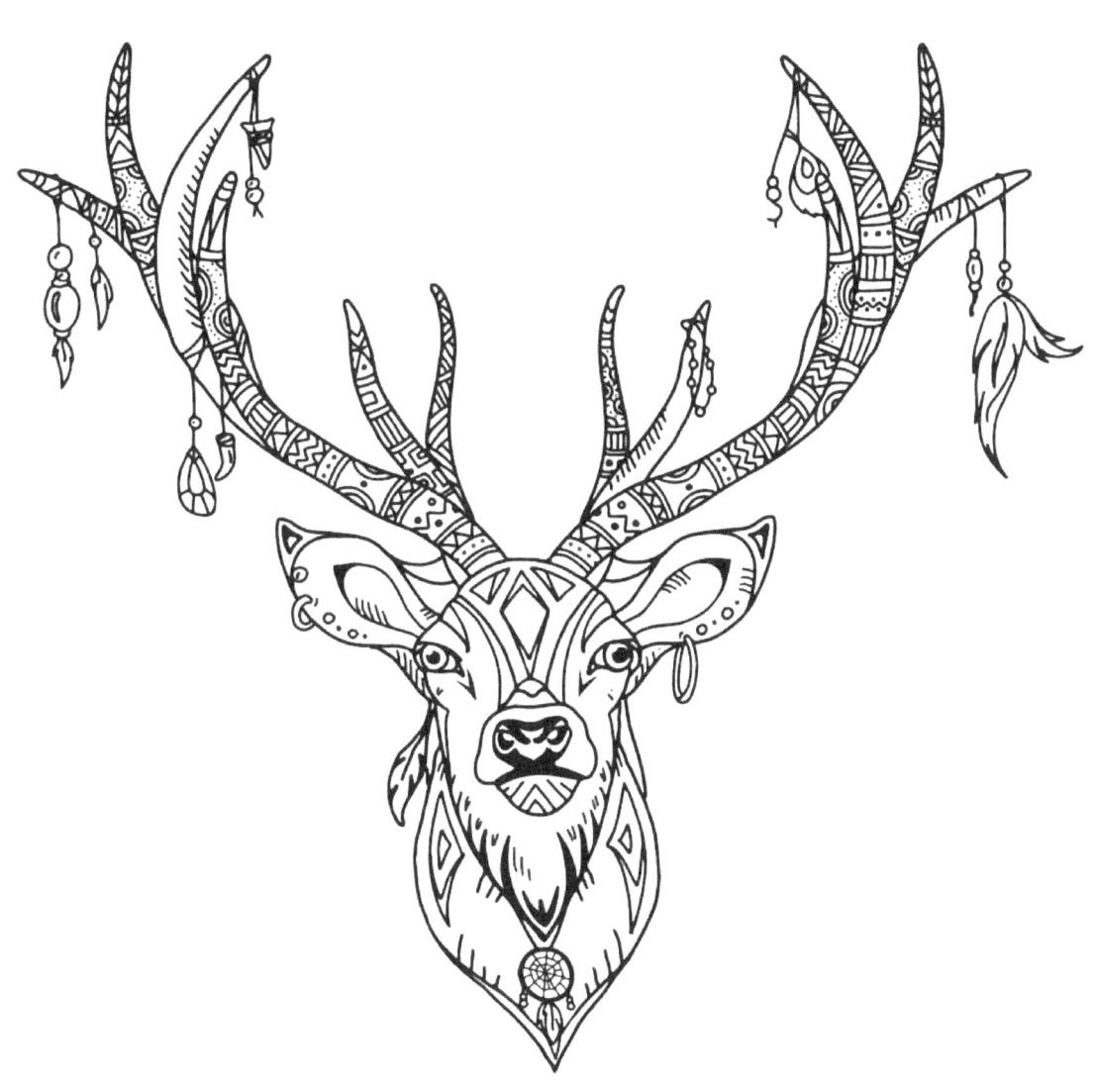

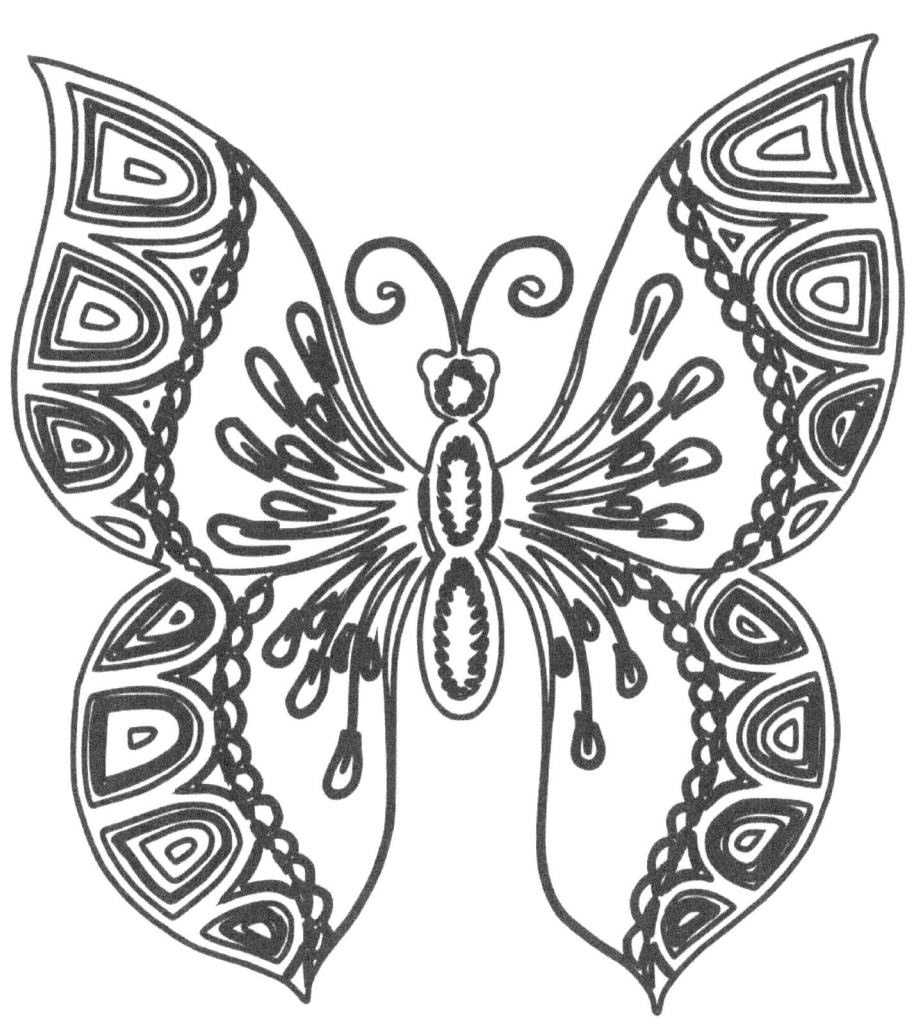

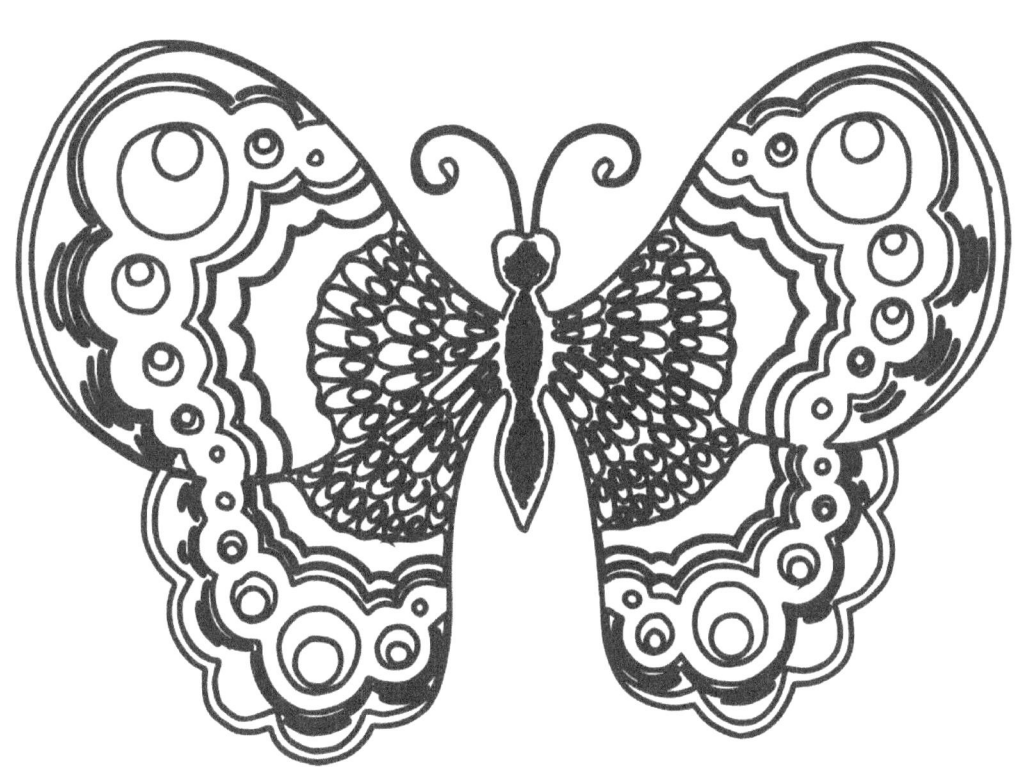

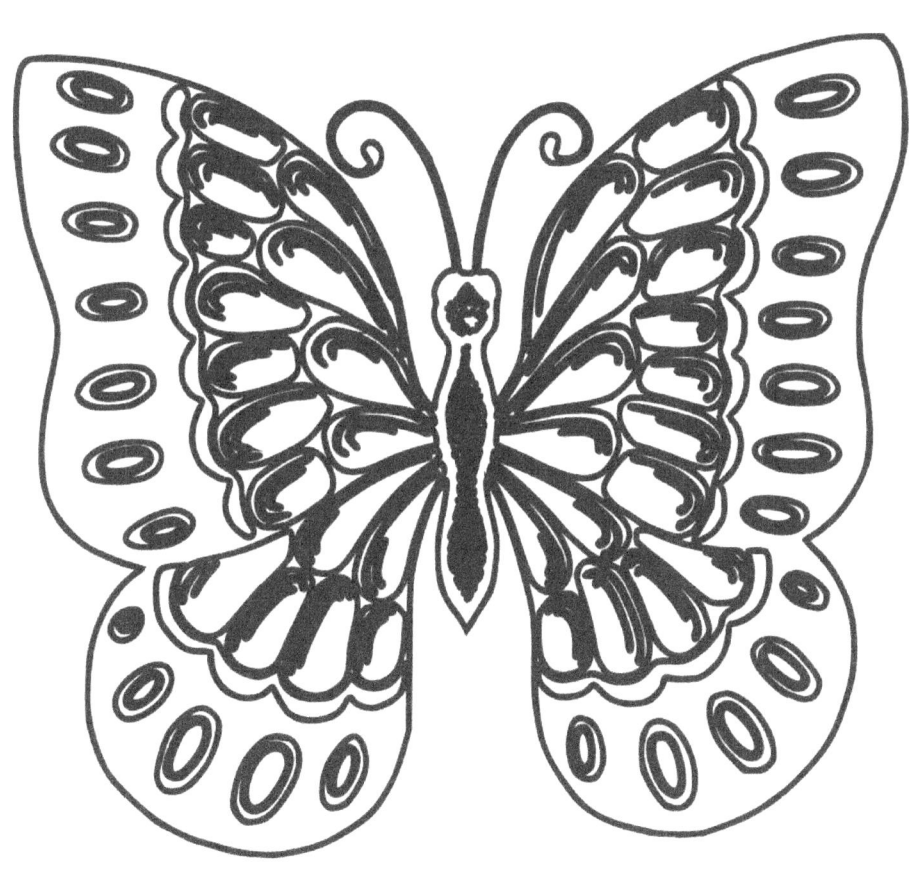

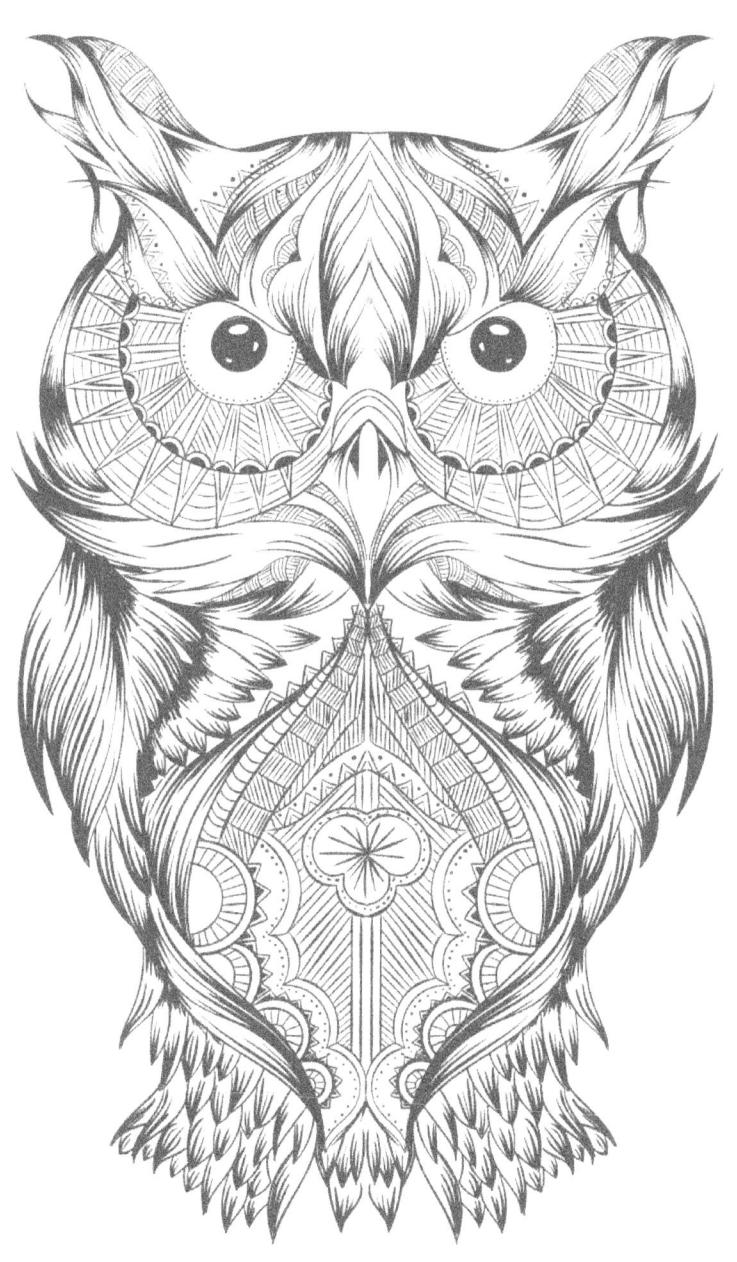

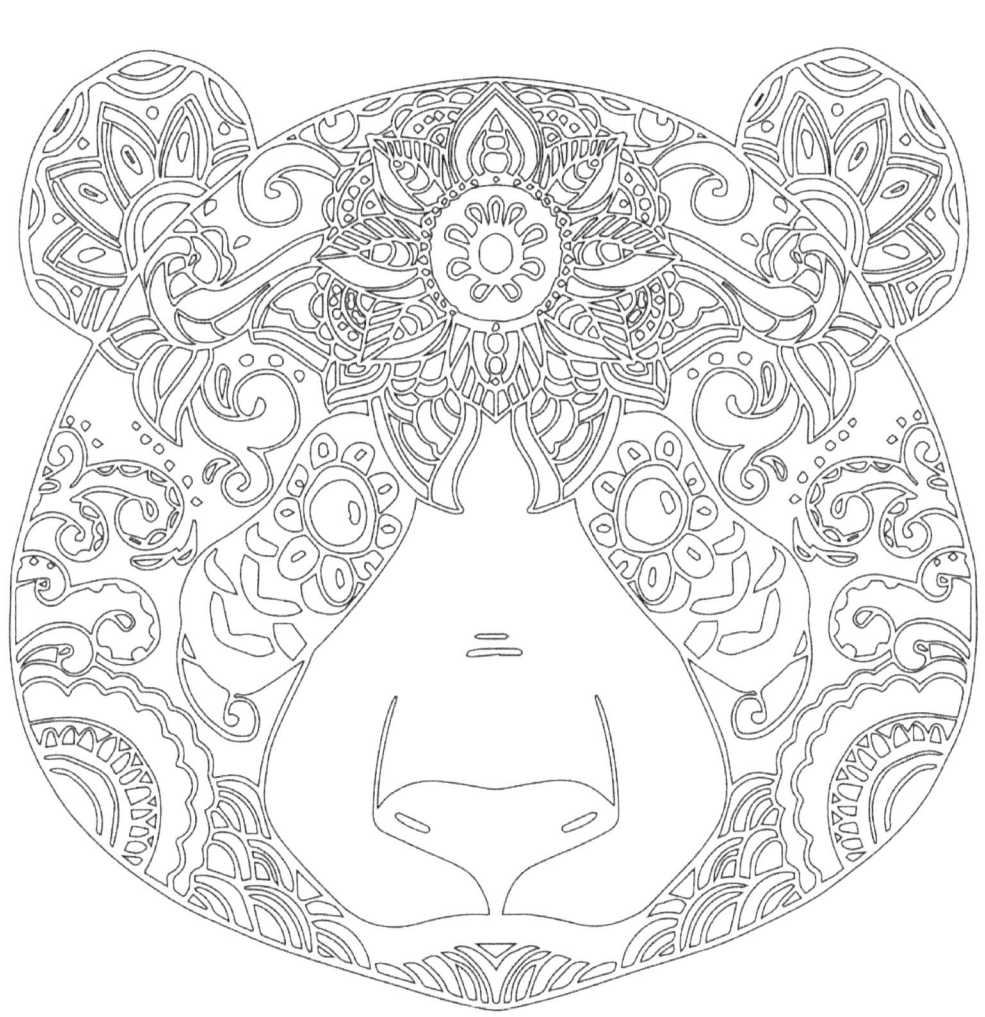

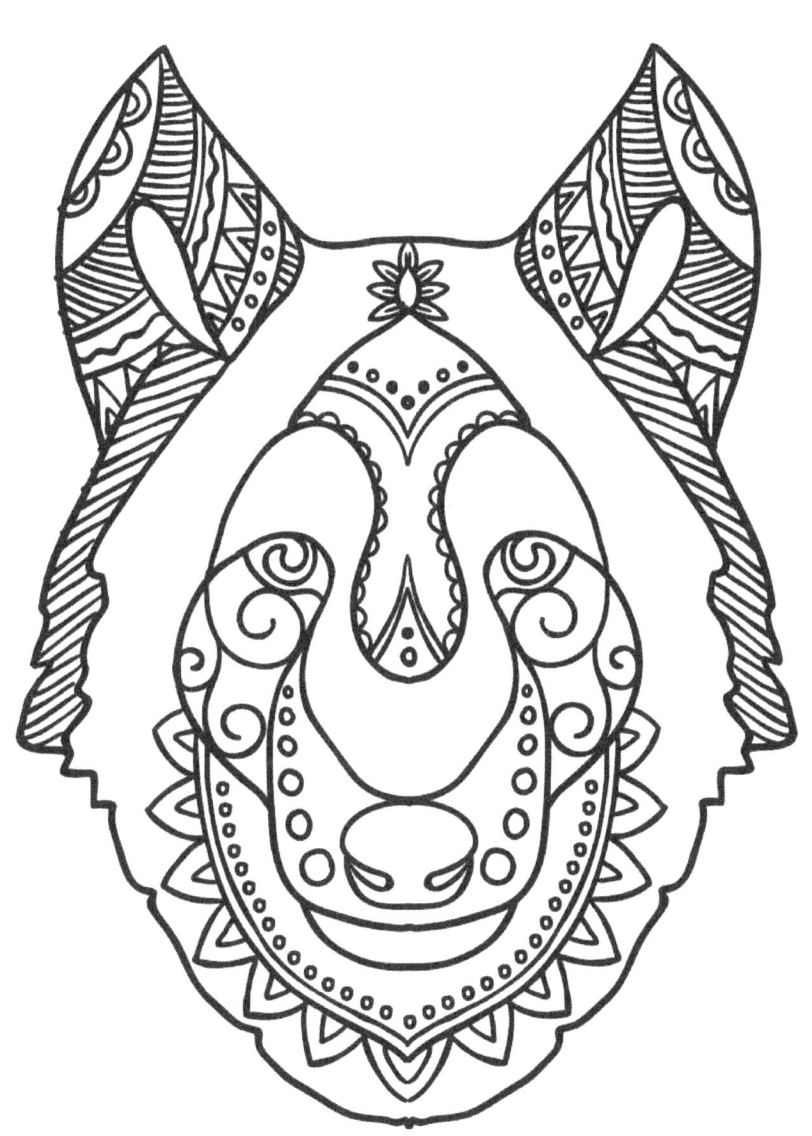

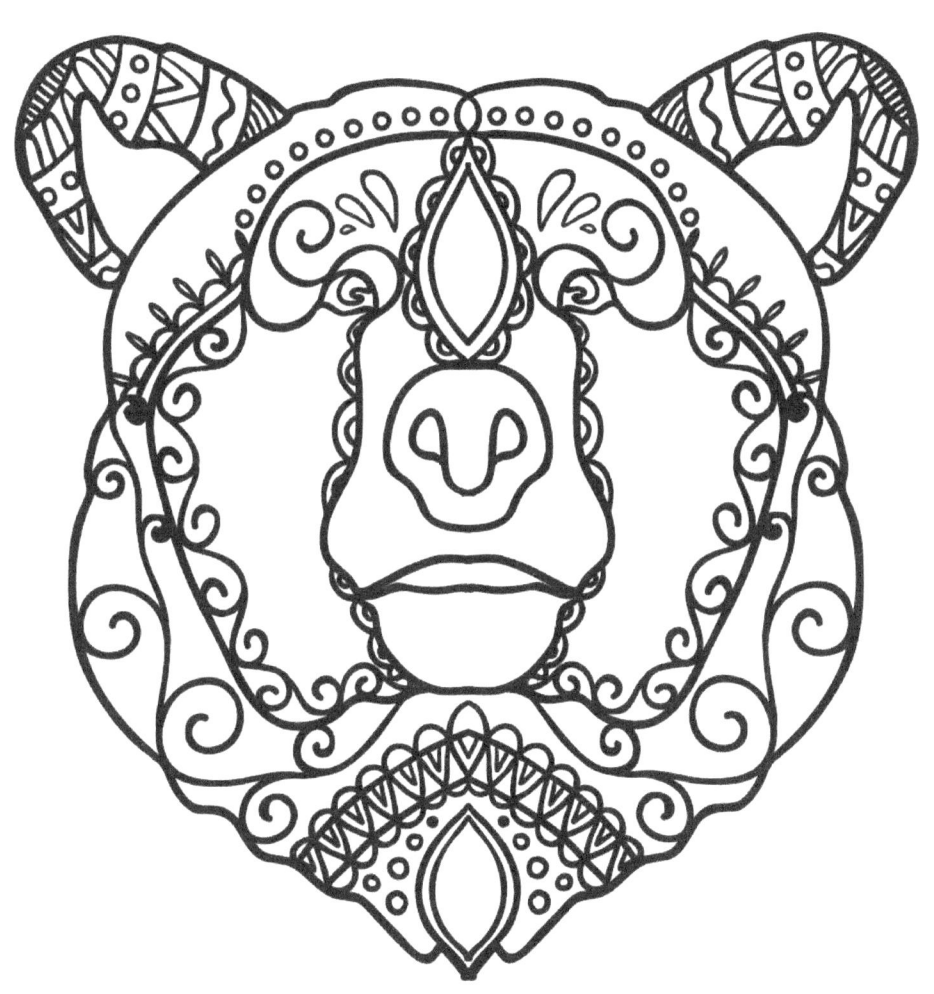

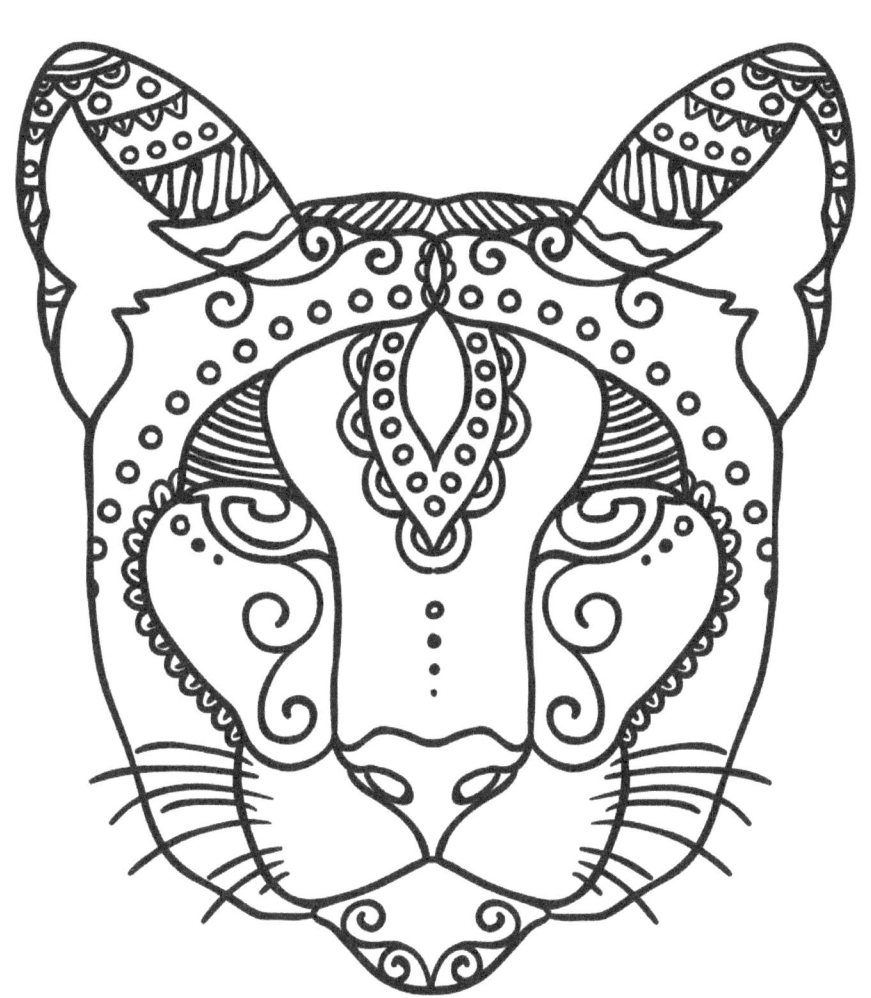

.

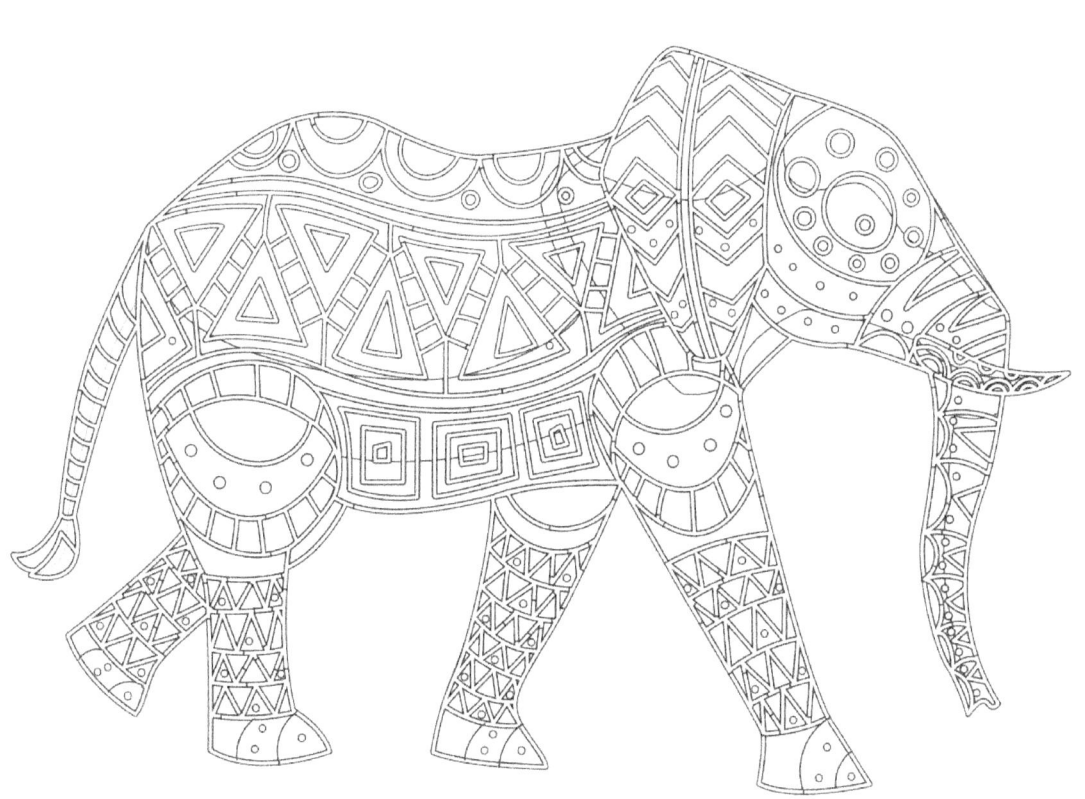

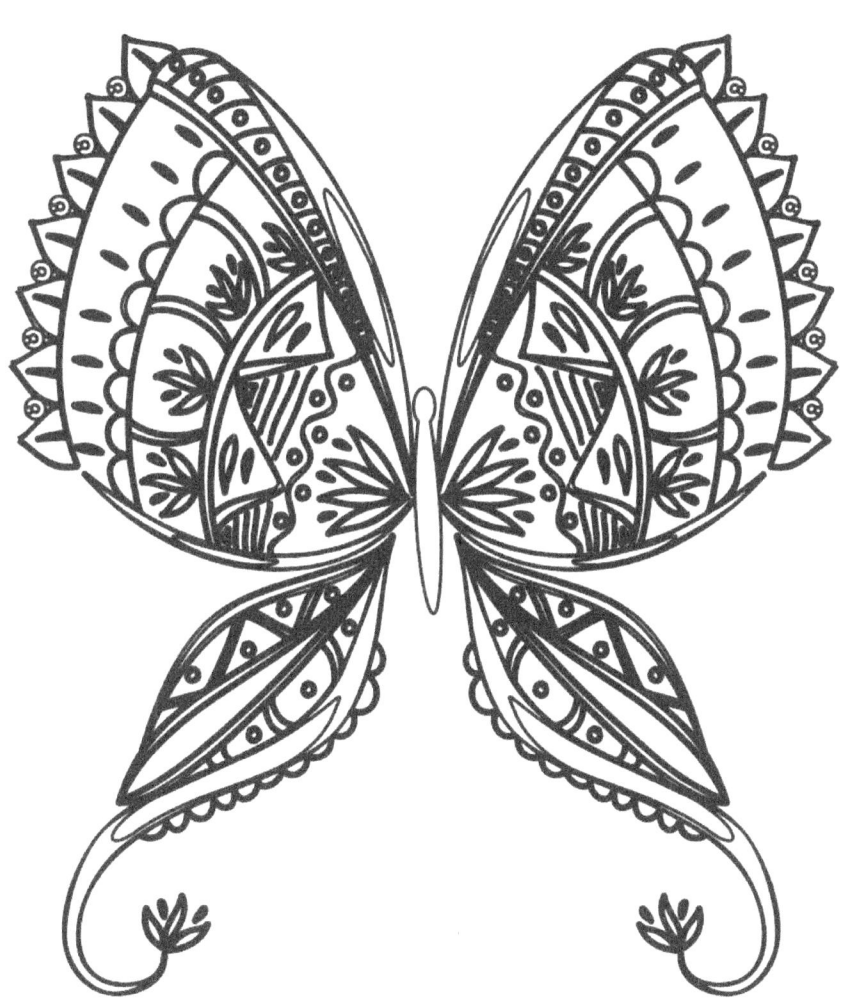

www.ingramcontent.com/pod-product-compliance
Lightning Source LLC
Chambersburg PA
CBHW081746170526
45167CB00009B/3944